Daniel Fürstenau

Bewertung des Einsatzes von ERP im Bereich der öffentlichen Verwaltung

GRIN Verlag

Bibliografische Information der Deutschen Nationalbibliothek:

Die Deutsche Bibliothek verzeichnet diese Publikation in der Deutschen National-
bibliografie; detaillierte bibliografische Daten sind im Internet über http://dnb.d-
nb.de/ abrufbar.

Impressum:

Copyright © 2005 GRIN Verlag GmbH
Druck und Bindung: Books on Demand GmbH, Norderstedt Germany
ISBN: 978-3-638-93936-2

Dieses Buch bei GRIN:

http://www.grin.com/de/e-book/50628/bewertung-des-einsatzes-von-erp-im-bereich-
der-oeffentlichen-verwaltung

GRIN - Your knowledge has value

Der GRIN Verlag publiziert seit 1998 wissenschaftliche Arbeiten von Studenten, Hochschullehrern und anderen Akademikern als eBook und gedrucktes Buch. Die Verlagswebsite www.grin.com ist die ideale Plattform zur Veröffentlichung von Hausarbeiten, Abschlussarbeiten, wissenschaftlichen Aufsätzen, Dissertationen und Fachbüchern.

Besuchen Sie uns im Internet:

http://www.grin.com/

http://www.facebook.com/grincom

http://www.twitter.com/grin_com

Begleitende Übungsaufgabe für die Veranstaltung „ERP-Systeme" im WS0506

Thema:

„Bewertung des Einsatzes von ERP im Bereich der öffentlichen Verwaltung"

Lehrstuhl Wirtschaftsinformatik und Electronic Government

Inhaltsverzeichnis

Abbildungsverzeichnis

1 Einsatz von ERP-Systemen

1.1 Verbreitung von ERP in bestimmten Branchen

Für die Unterstützung Ihrer Geschäftsprozesse setzen die meisten, insbesondere größere Unternehmen heute Enterprise Ressource Planning (ERP)-Systeme ein, die alle wesentlichen betrieblichen Bereiche umfassen [1]. Viele der weltweit führenden Unternehmen der Welt betrachten diese Systeme als essentiell für ihre IT-Infrastruktur, um in der heutigen Wirtschaft wettbewerbsfähig sein zu können. Verkaufzahlen und Marktdurchdringung belegen die Bedeutung von ERP-Systemen. Laut einer META GROUP Studie aus dem Jahr 2003 [17] hatte zu diesem Zeitpunkt bereits die Mehrzahl der Unternehmen ERP-Systeme im Einsatz, wobei nötige Upgrades zum Teil überfällig sind. Eine Untersuchung unter den Top 500 in der US-Zeitschrift FORTUNE gelisteten Unternehmen aus dem Jahr 2003 ergab, dass nahezu 80% dieser Unternehmen ein ERP-System implementiert haben [20]. Dabei ist davon auszugehen, dass der Markt für ERP-Systeme bei Großunternehmen weitgehend gesättigt ist. Bei kleinen und mittelständischen Unternehmen (KMU) ist das Bild jedoch nicht so eindeutig. So zeigte eine Studie im Auftrag des ERP-Systemherstellers SAGE SOFTWARE unter 1.500 Freiberuflern, Selbstständigen und Entscheidungsträgern in mittelständischen Unternehmen aus verschiedenen Branchen, dass gerade bei kleineren Unternehmen der Einsatz von betriebswirtschaftlicher Anwendungssoftware noch nicht durchgängig verbreitet ist. Neben den Betrieben, die zur Betriebsführung gar keinen Computer einsetzen (12% der befragten Unternehmen), setzten von den verbleibenden Unternehmen bisher 43% Software zur Lösung kaufmännischer Problemstellungen ein [8].

Die Marktdurchdringung von ERP-Systemen variiert zudem deutlich von Branche zu Branche. Ein Report von COMPUTER ECONOMICS INC. aus dem Jahr 2000 [15] berichtet, dass 76% der Fertigungsunternehmen, 35% der Versicherungs- und Gesundheitsvorsorgeunternehmen und 24% der Bundesbehörden in den USA bereits ein ERP-System installiert haben oder sich zurzeit im Einführungsprozess befinden. Es kann davon ausgegangen werden, dass vor allem in produzierenden Unternehmen, ERP-Systeme eine weite Verbreitung aufweisen. Aber auch in anderen Branchen ist der Trend zu einer weitgehenden Unterstützung der Geschäftsprozesse durch betriebliche Anwendungssoftware sichtbar. So kann z.B. im Bereich des Bankwesens von einer zunehmenden ERP-Standardisierung ausgegangen werden. Eine Studie der EUROPEAN BUSINESS SCHOOL mit dem Untersuchungszeitraum 2004 gibt an, dass über 50% aller betrachteten Finanzdienstleister ERP-Software einsetzt oder eine Einführung in diesem Jahr plant [5].

Auch im Bereich der öffentlichen Verwaltungen, auf den ich im Rahmen dieser Arbeit noch genauer eingehen will, sind noch beträchtliche Wachstumstendenzen zu erkennen. Der Anteil der gesamten ERP-Verkäufe ist zwar hier noch vergleichsweise gering, allerdings darf damit gerechnet werden, dass er in den nächsten Jahren um mehr als 20% wächst [20]. Dabei handelt es sich in diesem Bereich oft um prestigeträchtige Großprojekte, wie das ERP-Einführungsprojekt des Bundesstaates Pennsylvania beweist, auf das ich im Abschnitt 2.2 („Imagine PA" in Pennsylvania (USA) als Beispiel einer ERP-Implementation bei öffentlichen Verwaltungen) noch näher eingehen werde.

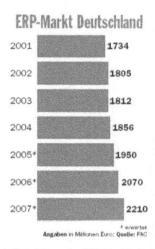

Abbildung 1: Entwicklung des ERP-Marktes in Deutschland

Das Volumen im deutschen ERP-Markt betrug im Jahr 2004 nahezu 1,9 Mrd. Euro [8]. Im Jahr 2005 wird mit einem leichten Wachstum gerechnet (Abbildung 1: Entwicklung des ERP-Marktes in Deutschland). Profitieren werden davon vor allem die großen Anbieter. So geht TORSTEN FRANKENBERGER, Analyst von DROEGE & COMP., davon aus, dass gerade im gehobenen Mittelstand die Dominanz von SAP weiter zunimmt [9].

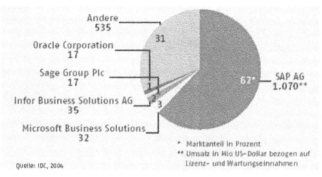

Andere
535

Oracle Corporation
17

Sage Group Plc
17

Infor Business Solutions AG
35

Microsoft Business Solutions
32

31

1

3

67*

SAP AG
1.070**

* Marktanteil in Prozent
** Umsatz in Mio US-Dollar bezogen auf
Lizenz- und Wartungseinnahmen

Quelle: IDC, 2004

Abbildung 2: ERP-Gesamtmarkt in Deutschland 2004

Um sich das Gesamtvolumen des ERP-Marktes zu verdeutlichen, soll an dieser Stelle auf Zahlen des bedeutendsten Anbieter für betriebliche Standardsoftware SAP zurückgegriffen werden. Nach eigenen Angaben betreute SAP im Oktober 2005 weltweit 80.000 Kunden mit mehr als 12 Millionen Installationen [21]. Der Gesamtumsatz von SAP in Deutschland bezogen auf Lizenz- und Wartungseinnahmen betrug 2004 über eine Milliarde US-Dollar [Abbildung 2: ERP-Gesamtmarkt in Deutschland 2004]. Nach Angaben von WWW.CIO.DE kann über alle Segmente und Branchen von einem Marktanteil von SAP von etwa 62% ausgegangen werden, bei Unternehmen mit mehr als 1000 Mitarbeitern beträgt der Marktanteil sogar über 70%, was die Software zu einem De-facto-Standard macht [11]. Es bestehen Befürchtungen, dass Unternehmen in einzelnen Branchen bereits Wettbewerbsnachteile entstehen, wenn sie keine SAP-Software einsetzen. Etwa weil Kunden und Lieferanten nicht nahtlos angebunden werden können und die Interoperabilität leidet [17].

1.2 Bewertung des Einsatzes betrieblicher Standardsoftware

ERP-Projekte zielen darauf ab, Kosten zu reduzieren, außerdem soll eine Verbesserung der operativen Effizienz des Unternehmens erreicht werden. Weiterhin verfolgen ERP-Projekte strategische Ziele, wie Umsatzsteigerungen, die Erschließung neuer Geschäftsfelder oder eine Ausweitung des Marktanteils. Ein weiterer Grund für ERP-Projekte ergibt sich aus technisch oder rechtlich bedingten Verpflichtungen (z.B. Jahr-2000-Problematik, Datenschutz, Barrierefreiheit, Auslauf der Supportleistungen des Betreibers des Altsystems). Laut einer Umfrage der META GROUP 2003 sind die Optimierung von Geschäftsprozessen, die Verbesserung der IT-Effizienz, Funktionalitätserweiterungen, die Verbesserung des internen Berichtswesens, Systemintegration, Reduzierung der IT-Kosten und höhere Kundenzufriedenheit die primären Ziele einer ERP-Einführung [17].

Vergleicht man die Vorteile des Einsatzes betrieblicher Standardsoftware mit einer Eigenentwicklung, bietet diese eine ausgereifte Lösung, schnelle Verfügbarkeit, geringere Kosten, den Einkauf von Know-how, den Ausgleich von Personalengpässen, Zukunftssicherheit und eine integrierte Informationsverarbeitung [1]. Die Haupteigenschaften betrieblicher Standardsoftware sind eine Prozessorientierung durch Ausführung von Funktionsketten bei der Informationsverarbeitung, die Umfassung aller wesentlichen kaufmännischen Geschäftsprozesse, die interne Integration aller Teilbereiche der Software und dadurch die Durchgängigkeit aller Geschäftsprozesse, die Speicherung der Daten in einer oder mehreren unabhängigen Datenbanken, die Einsetzbarkeit in vielen Branchen sowie die Möglichkeit die Software in definierten Grenzen unternehmensindividuell anzupassen (Customizing) [22].

Mögliche Probleme sind die Herstellerabhängigkeit durch die Schwierigkeit eines Wechsels nach der Einführung, ein höherer Ressourcenbedarf, unübersehbare Wirkungen bei Änderungen und Erweiterungen durch die hohe Integration, die Nichterfüllung individueller Anforderungen, überladene Software mit nur zum Teil genutzten Funktionen, die Notwendigkeit organisatorischer Anpassungen, ein aufwendiges Auswahlverfahren sowie der Verlust eigener Wettbewerbsvorteile [1].
Bei den meisten Unternehmen, die die Entscheidung trafen, ERP-Systeme einzuführen, bestanden speziell am Anfang hohe Erwartungen. Eine Studie von DAVENPORT [17] identifizierte die 10 meistgenannten Vorteile, die mit der Einführung eines ERP-Systems verbunden wurden (Abbildung 3). An erster Stelle steht eine Verbesserung der Management-Entscheidungsprozesse, des Finanzmanagements und des Kundenservice [Abbildung 3: Top Ten ERP Benefits, 15].

Benefit
Improved management decision making
Improved financial management
Improved customer service and retention
Ease of expansion/growth and increased flexibility
Faster, more accurate transactions
Headcount reduction
Cycle time reduction
Improved inventory/asset management
Fewer physical resources/better logistics
Increased revenue

Abbildung 3: Top Ten ERP Benefits

Bei vielen Unternehmen führte jedoch das mangelnde Verständnis der Komplexität eines solchen ERP-Einführungsprojektes zu dem Fehler, dass die Optimierung der Geschäftsprozesse während der Implementation vernachlässigt wurde. Als Folge konnten bei einem Großteil der Unternehmen die ERP-Einführung nicht die erhofften Potentiale freisetzten [15]. Diese Mängel in der Zielerreichung ließen viele Unternehmen über denn Sinn ihrer ERP-Investitionen nachdenken. Es setzte sich zunehmend die Überzeugung durch, dass es zur Erreichung der angestrebten Verbesserungen einer kontinuierlichen Bewertung des ERP-Projektes bedarf. Vergleicht man jetzt die realisierten Verbesserungen mit den erwarteten ergibt sich in vielen Fällen eine Diskrepanz.

Betrachtet man die Gründe für das Scheitern von ERP-Projekten lassen sich in vielen Fällen ähnliche Probleme identifizieren. Zusammenfassend wird in der Zeitschrift ERP-Management festgestellt:

„Noch immer scheitern ERP-Investitionsprojekte und dies, obwohl die am Markt angebotenen Systeme in Bezug auf ihre Funktionalität immer ausgereifter werden. Für das Anwendungsunternehmen stehen Budgetüberschreitungen, Terminverzüge, nicht erreichte Ziele und Projektabbrüche ebenso an der Tagesordnung wie Überforderung, Personalfluktuation und Überlastung der betroffenen Mitarbeiter. Während Erfolg in aller Regel in Form von medienwirksam aufbereiteten „Sucess-Stories" ausführlich dargestellt wird, verschwindet Misserfolg und wird bestenfalls zu „Erfolgsfaktoren" umgekehrt [12]."

DELOITTE CONSULTING identifizierte in einer Studie von 1999 eine Reihe von Barrieren, die die Realisierung der erwarteten Ziele verhindern und teilte sie in die Kategorien Person, Prozess und Technologie ein [Abbildung 4: Hindernisse erfolgreicher Zielerreichung]. Personenabhängige Barrieren dominieren die Rangliste, wobei Probleme im Change Management die vorderen Ränge einnehmen. Software,

Hardware und Integrationsprobleme stellen dagegen nicht das Hauptproblem dar. Ganz oben stehen Mängel bei der Disziplin, bei der Schulung und im Change Management und schlechte Projektteams verbunden mit einem fehlenden Verständnis der Komplexität [15].

ERP Barriers	Focus
Lack of Discipline	People
Lack of Change Management	People
Inadequate Training	People
Poor Reporting Procedures	Technical
Inadequate Process Engineering	Process
Misplaced Benefit Ownership	People
Inadequate Internal Staff	People
Poor Prioritisation of Resources	Technical
Poor Software Functionality	Technical
Inadequate Ongoing Support	Technical
Poor Business Performance	Process
Under Performed Project Team	People
Poor Application Management	Technical
Upgrades Performed poorly	Technical

Abbildung 4: Hindernisse erfolgreicher Zielerreichung

PROF. DR. SUMNER, Expertin auf dem Gebiet von ERP, stellt neben den Problemen im Projektmanagement, folgende Gründe heraus, warum ERP-Projekte scheitern können:

- *„Scheitern der Geschäftsprozessumgestaltung zur Ausrichtung an die Software...*
- *Mangel an Senior-Management-Unterstützung...*
- *Unzulängliche Aus- und Weiterbildung...*
- *Die Unfähigkeit der ‚Kunden' ganzheitliche Projektmanagementaktivitäten und Projektaktivitäten festzulegen...*
- *Fehlen einer passenden Managementstruktur...*
- *Fehlen eines erfahrenen Projekt-Champions...*
- *Mangel an Geschäftsanalytikern...“ und*
- *„Ineffektive Kommunikation [14]“*

Zusammenfassend lässt sich feststellen, dass ERP-Projekte aufgrund einer Vielzahl von Faktoren, PROF. DR. SUMNER betont organisatorische und menschliche Faktoren, Projektmanagementfragen, Anwenderfragen, Managementstrategien und technologische Barrieren, eine nicht zu unterschätzende Herausforderung für betroffene Unternehmen darstellen [14].

1.3 Case Study: Nutzen von ERP in der Fertigungsindustrie

Eine Untersuchung von MARTIN, MAUTERER UND GEMÜNDEN [17] von 8 Unternehmen aus dem Bereich der Fertigung zum Nutzen ihres SAP R/3-Systems zeichnet ein differenziertes Bild bezüglich der Ausschöpfung der Nutzenpotentiale. In den betrachteten Fallstudien erfolgt eine Systematisierung des Nutzens durch den Einsatz integrierter betrieblicher Standardsoftware durch die Kategorien Prozesseffizienz, Markteffizienz, Ressourceneffizienz, Delegationseffizienz und Motivationseffizienz. Die genannten Kriterien sollen an dieser Stelle kurz erläutert werden:

> *„Die Prozesseffizienz beurteilt die Fähigkeit eines Unternehmens, die Geschäftsprozesse bzgl. der Kriterien Kosten, Qualität und Zeit zu verbessern. ERP-Systeme unterstützen Unternehmen bei der Verbesserung der zu implementierenden Prozesse insbesondere dadurch, dass die in den Systemen eingebetteten Referenzmodelle häufig als „best practice" angesehen werden können...*
>
> *Bei der Verbesserung der Markteffizienz geht es um ein koordiniertes Auftreten gegenüber Kunden bzw. Lieferanten. Auf der Lieferantenseite kann dieses Ziel durch verbesserte Zusammenarbeit mit Lieferanten oder Bündelung der Nachfrage zur Stärkung der Marktmacht angestrebt werden. Auf der Kundenseite kann dieses Ziel durch in Qualität oder Preis verbesserten Produkten und Dienstleistungen angestrebt werden...*
>
> *Ressourceneffizienz zielt auf die Erhöhung von Produktivität und Wirtschaftlichkeit durch ERP-Syteme, etwa durch Verbesserungen der Kapazitätsauslastung in der Produktion, Lagerbestandsreduzierungen oder Reduzierung der Anzahl der benötigten Mitarbeiter bei gleicher Ausbringungsmenge...*
>
> *Die Delegationseffizienz zeigt sich durch eine effizientere Informationsgewinnung. Im ERP-Zusammenhang können die Kosten der Informationsverarbeitung und –weitergabe durch höhere Geschwindigkeit, Qualität, Verlässlichkeit und unternehmensweite Vergleichbarkeit von IT-gestützten Reports und Analysen gesenkt werden [17]."*

MARTIN, MAUTERER UND GEMÜNDEN stellten fest, dass im Bereich der Geschäftsprozesse bei den betrachteten Unternehmen der größte Nutzengewinn erzielt wurde. Es handelte sich vor allem um Verbesserungen bei den Auftragsdurchlaufzeiten, der Liefertermintreue und der Prozesstransparenz. Die Auswirkungen auf der Mitarbeiterebene müssen ihrer Ansicht nach jedoch differenziert betrachtet werden. Insgesamt kam es zu einer Leistungs- und Motivationsumschichtung in der Belegschaft. So ist zum einen auf Mitarbeiterebene mit einer erhöhten Arbeitsbelastung und mit Akzeptanzproblemen zu rechnen. Gründe hierfür sind die Komplexität des Systems und die hohen Anforderungen an die Datenstruktur. In einer Fallstudie bei einem mittelständischen Hersteller von Dosier- und Zerstäubungssystemen [17] wird berichtet, dass es hauptsächlich von den Fähigkeiten, der grundsätzlichen Arbeitseinstellung und dem Aufgabenbereich der

Mitarbeiter sowie von der Adaption des Systems für die jeweiligen Arbeitsplätze abhing, wie sich die Implementierung des Systems auf die Motivation der einzelnen Mitarbeiter auswirkte. Mitarbeiter, die das System hauptsächlich zur Gewinnung von Informationen nutzten, gaben an, mehr Nutzen aus dem System ziehen zu können als Mitarbeiter, die das System hauptsächlich für die Eingabe und Pflege bestimmter Daten nutzten.

> *„SAP R/3 wurde von diesen Mitarbeitern als zu kompliziert und unübersichtlich angesehen, was zu Akzeptanzproblemen führte. Die Notwendigkeit, bestimmte Datenstandards konsequent einhalten zu müssen, führte bei vielen Mitarbeitern zu einer höheren Arbeitsbelastung. Die Änderungen für die Mitarbeiter bei ihrer täglichen Arbeit waren in einigen Bereichen sehr einschneidend. Beispielsweise wurde das gesamte seit Jahrzehnten gewachsene Artikelnummernsystem geändert. [17]"*

Insgesamt konnte bei alle betrachteten Unternehmen eine zum Teil erhebliche Verbesserung erzielt werden. Auf der Mitarbeiterebene hing es jedoch vom Aufgabengebiet und der grundsätzlichen Arbeitseinstellung des einzelnen Mitarbeiters sowie von der aufgabengerechten Adaption ab, ob Verbesserungen erzielt wurden.

2 Case Study: ERP in der öffentlichen Verwaltung

2.1 ERP-Projekte bei öffentlichen Verwaltungen

Zum öffentlichen Sektor gehören im föderativen Staat Deutschland Bund, Länder und Gemeinden (Gemeindeverbände) als Gebietskörperschaften. Von dem öffentlichen Sektor wird häufig behauptet, dass nur zögerlich Prozesse geändert und neue Technologien einführt werden. Wie bereits in Abschnitt 1.1 (Verbreitung von ERP in bestimmten Branchen) beschrieben, ist der Einsatz betrieblicher Standardsoftware in diesem Bereich bei weitem noch nicht so verbreitet, wie im privaten Sektor. Der Grund dafür mag sein, dass staatliche Behörden keinem unmittelbarem Druck unterliegen ihr finanzielles Ergebnis zu verbessern. Dies lässt sich zum einen darauf zurückführen, dass sie keinem Wettbewerb unterliegen, zum anderen sind Kontrollinstrumente der Leistung des staatlichen Sektors zumindest bisher nicht in dem Maße vorhanden, wie bei privatwirtschaftlichen Unternehmen. So hat sich der öffentliche Bereich bisher eher auf kleinere Anwendungen beschränkt, die dazu dienen bereits bestehende Dienstleistungen zu unterstützen. Behörden oder Ämter haben in der Regel vergleichsweise wenig Erfahrung mit ERP-Systemen und sind oft der Ansicht, dass sich ihre Prozesse sehr stark von denen privater Unternehmen unterscheiden und deshalb eine Adaption dort bewährter Konzepte nicht, oder nicht in vollem Maße sinnvoll ist. Allgemein kann festgehalten werden, dass der öffentliche Sektor durch seine starre Organisationsstruktur und seine starke Regelbindung ein großes Maß an Resistenz gegenüber Veränderungen besitzt [23].

Spezifische Probleme ergeben sich in Deutschland beispielsweise im Bereich der Buchführung, wo immer noch auf breiter Basis kameralistische Systeme Anwendung finden. Oft wird von Gegnern argumentiert, dass die mit der ERP-Einführung dann verbundene Einführung moderner Buchführungspraktiken hohe Kosten, etwa für Mitarbeiterschulung, verursacht und nicht für den öffentlichen Sektor geeignet ist. Ausgewählte Beispiele, wie etwa die umfassende Verwaltungsreform im Land Hessen im Jahr 2004, beweisen jedoch meist das Gegenteil. In diesem Rahmen wirkten die Einführung der doppelten Buchführung und eines ERP-Systems sowie die Umsetzung einer umfassenden E-Government-Strategie zusammen [16]. Wobei auch hier die Einführung neuer Techniken mit einer, wie schon im Abschnitt 1.2 (

Bewertung des Einsatzes betrieblicher Standardsoftware) beschriebene Anpassung der Prozesse verbunden sein muss.

Eine weitere Besonderheit bei der ERP-Einführung bei öffentlichen Verwaltungen ist die Verpflichtung der verantwortlichen Politiker vor dem Wähler. Jede größere Mittelaufwendung bedarf der Rechtfertigung vor dem Bürger. Diese Begründung ist zudem der Kritik der Opposition ausgesetzt, welche ein Interesse hat, Entscheidungen der zurzeit Regierenden kritisch zu hinterfragen, um bei der nächsten Wahl von Fehlern zu profitieren. Zudem schränken begrenzte Legislaturperioden die Fähigkeit zu weitergehenden, visionären Entscheidungen tendenziell ein und führen eher zu kleinen, partiellen Projekten, die zu vergleichsweise geringen Kosten und mit geringen Risiken realisierbar sind.

Die Bemühungen um neue Software-Lösungen haben sich bisher oft auf Systeme zur Regionalplanung oder Portale für das eGovernment beschränkt. Allerdings kann die fehlende Daten-Integration in ein einheitliches Backend-System die Wirksamkeit solcher Lösungen beschränken. Die öffentliche Verwaltung sieht sich jedoch zunehmend mit der Herausforderung konfrontiert, auf Grund der Haushaltslage ihre internen Geschäftsprozesse weiter optimieren zu müssen und gleichzeitig die Chancen und Vorteile zu nutzen, die sich insbesondere aus neuer Verwaltungssteuerung und eGovernment ergeben [23].

ERP-Implementierungen sind bereits bei verschiedenen staatlichen Behörden in den meisten Industrieländern durchgeführt worden, dass zeigen die folgenden Beispiele. Im US-Bundesstaat Kansas – ein Vorreiter – wurde bereits 1994 eine ERP-Implementierung von PEOPLESOFT durchgeführt. Ziel war es, das Personalwesen, die Lohn- und Gehaltsliste sowie die Lohnnebenleistungen zu integrieren. Queensland in Australien hat 1998 erfolgreich seine gesamten Finanzanwendungen mit SAP R/3 integriert. Der US-Bundesstaat Arkansas hat 2003, mit einem Aufwand von 30 Millionen US-Dollar einige seiner Anwendungen für das Finanz- und Personalwesen in einer integrierten Lösung zusammengeführt. Das County Sacramento in Kalifornien hat 1998 Teile seines Finanzwesens sowie die Lohn- und Gehaltsliste in eine integrierte Lösung überführt. Die US-Marine führte 2003 Pilotprojekt für 200 Millionen US-Dollar durch [23]. Eine Zunahme der Verbreitung von ERP in der öffentlichen Verwaltung lässt sich aus der steigenden Anzahl von „Sucess Stories" aus dem öffentlichen Sektor ableiten. Insgesamt kann also festgehalten werden, dass die Verwendung von ERP-Systemen im öffentlichen Sektor zwar immer noch eher die Ausnahme und nicht die Regel darstellen, aber angesichts eines steigenden Budgetdrucks an Bedeutung gewinnt.

2.2 „Imagine PA" in Pennsylvania (USA) als Beispiel einer ERP-Implementation bei öffentlichen Verwaltungen

Einen besonderen Modellcharakter hatte die Einführung der SAP MYSAP BUSINESS SUITE im Bundesstaat Pennsylvania in den USA, da es sich dabei um die erste groß angelegte ERP-Einführung im öffentlichen Sektor handelte. Aus diesem Grund erfolgte eine besondere, auch kritische Betrachtung des Projekts. Die Heterogenität der teilnehmenden Behörden und die Komplexität des Gesamtprojekts offenbarten einige interessante Problemstellungen.

Beachtenswert ist, dass die Verwaltung aus 59 Behörde unterschiedlicher Größe, vom Rechnungshof bis zum Verkehrsministerium, besteht. Ausgangslage war eine heterogene Daten- und Systeminfrastruktur mit allein sechzehn Datenzentren mit unterschiedlichen Informationssystemen. Die zum Großteil veralterten Systeme genügten nur bedingt den gestellten Anforderungen, so mussten beispielsweise die 1985 eingeführten Finanzsysteme immer öfter gewartet werden, um funktionsfähig zu bleiben. So war die Entscheidung ein ERP-System einzuführen mit der Erwartung verbunden, die Systemeffizienz zu erhöhen und Funktionen und Arbeitsprozesse zu integrieren. Die Ziele lagen für die öffentliche Verwaltung zuerst im operativen Bereich. Erwartet wurde eine Neugestaltung der Prozesse, um das Tagesgeschäft zu optimieren. Eine Steigerung der Effizienz – sowohl für die Angestellten der Behörden als auch für die Kunden des Staates - versprach sich der Bundesstaat vor allem von einem konsequenten Zugriff auf die Daten in Echtzeit. Öffentlichkeitswirksam sollte das Projekt außerdem die Fortschrittlichkeit und Offenheit der Verwaltung gegenüber neuen Technologien demonstrieren [23].

Auf Grund politischer Entscheidungen, beispielsweise zur Minimierung etwaiger Risiken verzögerte sich der ursprünglich für das Jahr 1999 anvisierte Start bis ins Jahr 2002. Der eigentliche Auswahlprozess erfolgte durch einen stark formalisierten Auswahlprozess, bei dem interessierte Unternehmen, aufgrund einer Vielzahl von Anforderungen ihre Eignung nachweisen mussten. Von den Ursprünglich 7 interessierten ERP-Systemlieferanten waren nur SAP und ORACLE bereit, den kostenintensiven Auswahlprozess zu durchlaufen. Kritisch zu betrachten ist zudem, inwieweit die tatsächliche Leistungsfähigkeit des Systems für die Entscheidung verantwortlich war bzw. welchen Einfluss die Präferenzen von Einzelpersonen hatten.

Bei der Bewertung seiner Kernprozesse stellte der Bundesstaat Pennsylvania fest, dass rund 90 Prozent seiner Aktivitäten mit der Beschaffung von Gütern und Dienstleistungen zusammen hängen. Die Prozessverantwortlichen entschieden sich nach ausführlicher Diskussion dafür, die von SAP vorgeschlagenen Best Practices zu einem großen Teil zu übernehmen.

Bereits relativ früh zeigten sich in dem Projekt Akzeptanzprobleme bei einzelnen Behörden und einigen Mitarbeitern. Die Spannweite reichte dabei von einer latenten Verweigerungshaltung einzelner Mitarbeiter bis zur Totalverweigerung ganzer Behörden. Der Abbau der Ängste wurde deshalb von den Projektbeteiligten mit besonderem Nachdruck verfolgt. Eine durchgängige, offene Kommunikation, Partizipationsmaßnahmen und Training sollten helfen Ängste bei den Mitarbeitern abzubauen [24].

Die realisierten Vorteile durch die ERP-Einführung stellt SAP wie folgt dar:

> *Der Bundesstaat Pennsylvania arbeitet mit neuen Prozessabläufen im Bereich Finanzwesen, Haushalt, Beschaffung und Reiseplanung. Das Projekt trägt bereits erste Früchte. Der Lebenszyklus beschaffter Güter und Dienstleistungen ist jetzt in Prozessabläufe aus dem Bilanz- und Haushaltswesen eingebunden. Dadurch kann der Bundesstaat seine volle Nachfragemacht ausschöpfen. Abgeordnete und Verwaltungsbeamte wissen mittlerweile, dass alle Informationen zentral verwaltet werden. Da nun ein besserer Überblick besteht, ist das Interesse erwacht, die Beschaffungs-Bestimmungen zu überprüfen. Mit verbesserten Bestimmungen könnten jedes Jahr mehrere 100 Millionen US-Dollar eingespart werden. Zum ersten Mal arbeiten alle in der bundesstaatlichen Regierung und Verwaltung für die Budgetierung mit ein und derselben Datenbank. Lieferanten werden deutlich pünktlicher bezahlt. Im Durchschnitt sind Rechnungen nach 28 Tagen bezahlt. Der Bundesstaat kann dadurch öfter die Vorteile von Preisnachlässen bei vorzeitiger Zahlung in Anspruch nehmen. Sobald die Selbstbedienungs-Anwendung für Lieferanten freigeschaltet ist, haben Lieferanten die Möglichkeit, ihren Rechnungsvorgang im behördlichen Prozess zu verfolgen.Je weiter das Projekt vorankommt, desto deutlicher wird, welche Vorteile die Zusammenführung aller Behördenabläufe mithilfe einer einzigen Datenbank in Echtzeit mit sich bringt. Wenn Bürger mit dem Web-Frontend von SAP verbunden sind, können sie Online-Anträge auf Straßenreparatur stellen und diese im System verfolgen. Firmengründer werden in die Lage versetzt, über das Web-Portal erforderliche Formulare auszufüllen und abzuschicken. Früher mussten sie dafür persönlich fünf verschiedene Behörden oder Ämter aufsuchen. Neubürger in Pennsylvania können sich künftig online ein Profil erstellen lassen, das ihre Daten mit sämtlichen für sie in Frage kommenden bundesstaatlichen Programmen abgleicht.*
>
> *Es wird behördenintern ein Online-Ausschreibungsverfahren geben. Die Anforderung, der Erhalt und die Genehmigung von Bestellungen – also der Workflow – werden zusätzlich automatisiert. Der Bundesstaat besitzt bereits ein funktionierendes Data Warehouse, das für das Rentensystem der Beschäftigten mit einer Anwendung aus dem Bereich Customer Relationship Management (CRM) verbunden wird [24]."*

Wagner zieht in seinem Beitrag für die SAP-Info folgendes Fazit:

„Der Erfolg des ERP-Projektes in Pennsylvania zeigt, dass die Prozessabläufe bei öffentlichen Verwaltungen und Ämtern gar nicht so verschieden von denen privater Unternehmen sind, obwohl das oft behauptet wird. Beschäftigte aus dem Bereich öffentlicher Verwaltungen können motiviert werden bei den Veränderungen mitzuwirken, die für eine erfolgreiche Umsetzung einer ERP-Lösung Voraussetzung sind [24]."

Aus dem konkreten Projekt lassen sich einige interessante Implikationen für ERP-Projekte bei öffentlichen Verwaltungen ableiten. An dieser Stelle möchte ich die „lessons learned" aus Sicht der SAP zusammenfassend wiedergeben. Diese stellen einerseits bewusst einen aus SAP-Sicht positiven Blickwinkel der Möglichkeiten einer ERP-Einführung im öffentlichen Sektor dar, zeigen jedoch andererseits auch die im Laufe meiner Ausführungen beschriebenen Probleme:

„Im Bereich öffentlicher Verwaltungen gibt es kaum Unterstützung für ERP-Lösungen, weil man dort wenig über diese Technologie weiß. Es gibt kaum Interesse an einer "Integration von Geschäftsprozessen", weil das vorher noch nie gemacht wurde und beispielsweise die Sanierung von Straßen und Brücken normalerweise Priorität genießt. Will man ein ERP-Projekt durchführen, muss man einen starken Förderer aus dem öffentlichen Bereich finden und bei den teilnehmenden Behörden und Ämtern um Unterstützung werben.

2) Man muss dafür sorgen, dass die Anwender bei der Neugestaltung ihrer Prozessabläufe ein Mitspracherecht haben. Wenn Behörden und Anwender ein echtes Mitspracherecht bei der Entscheidungsfindung haben – sie zum Beispiel Anbieter mit auswählen können und Abläufe neu gestalten können – werden sie eher zu begeistern sein und mehr Engagement zeigen. Es ist wichtig, dass auch die Technik-Mitarbeiter genau verstehen, was eine Neugestaltung von Geschäftsprozessen bedeutet.

3) Am besten fängt man mit den Prozessabläufen des Haushalts, des Finanzwesens und der Beschaffung an. Diese müssen stabil laufen, bevor man Prozesse im Personalwesen angeht. Die Stabilisierungsperiode muss großzügig bemessen sein.

4) Stellen Sie Hilfsteams vor Ort auf, die in der Lage sind, bei allen Behörden und Ämtern auf die Probleme der Endanwender einzugehen. Für jede größere Behörde sollte im Rahmen der Hauptumsetzung ein dem Projektteam der Behörde genau nachgebildetes Team eingesetzt werden.

5) Bereiten Sie so viel wie möglich vor der eigentlichen Implementierung vor. In Pennsylvania war entscheidend, dass die funktionalen Anforderungen an das neue System mit den Gesetzen, Geschäftsbedingungen, politischen Grundsätzen und Prozeduren abgestimmt waren, die von dem System tangiert werden. Justiziare der Behörden wurden beauftragt, die Neugestaltung der Prozessabläufe vom juristischen und gesetzlichen Standpunkt aus zu validieren.

6) Man sollte "Trainer trainieren", also die Ausbildung zentral von oben nach unten delegieren. Einzelne Behörden und Ämter sollten jedoch im Falle eigentümlicher Prozesse wie dem Zeitmanagement für die Ausbildung der eigenen Anwender verantwortlich sein.

7) Kommunizieren Sie unentwegt. Unterstützung und allgemeines Interesse für das Projekt erhalten Sie insbesondere dann, wenn Gruppen bei der Auswahl des Anbieters mitwirken können. Eine gut gestaltete Website für das Projekt kann als Portal fungieren und stets aktuell über das Projekt informieren.

8) Setzen Sie ein Steuerungskomitee ein, das aus Beschäftigten der Schlüsselbehörden besteht und das Bewertungskriterien für gewünschte Änderungen des Prozessablaufes erstellt.

9) Erwarten Sie nicht, dass die Nachfragemacht der gesamten Verwaltung so stark wie bei privaten Unternehmen steigt. Die Beschaffungsregeln werden zwar verändert, aber behördliche Bestimmungen verhindern, dass die neu zusammengeführten Beschaffungsprozesse in vollem Umfang ausgenutzt werden können.

10) Rechnen Sie mit fortlaufenden Verbesserungen am System. Im Falle von "Imagine PA" gab es nach Testläufen mit den Benutzern über 800 Veränderungsempfehlungen. Die Arbeitsverteilung im Bereich Lohn- und Gehaltsliste sowie Reiseabrechnung musste in einigen Fällen geändert werden. Wenn sich die Benutzer aber erst einmal an die radikal veränderten Prozesse des Projektes "Imagine PA" gewöhnt haben, werden sie zunehmend von den integrierten Informationsprozessen profitieren [24]."

Insgesamt lässt sich feststellen, dass der Einsatz betrieblicher Standardsoftware heute weniger einen Wettbewerbsvorteil, als einen essentiellen Wettbewerbsfaktor darstellt, die Einführung jedoch trotz breiter Erfahrungen auf diesem Gebiet immer noch ein nicht zu unterschätzendes Risiko darstellt. Im Bereich der öffentlichen Verwaltung wird der Einsatz von ERP weiter zunehmen, da auch der öffentliche Sektor nicht auf die Unterstützung der Geschäftsprozesse verzichten kann und besonders im Verwaltungsbereich durch ERP Kosteneinsparungen realisiert werden können.

Literaturverzeichnis

1 Allweyer, T.: Geschäftsprozessmanagement. Strategie, Entwurf, Implementierung, Controlling. W3C-Verlag Herdecke Bochum 2005

2 Barbitsch, C.: Einführung integrierter Standardsoftware. Hanser, Wien 1996

3 CAPGEMINI – IT Trends 2004 Von:
http://www.de.capgemini.com/servlet/PB/show/1382736/Capgemini_IT-Trends2004.pdf Letzter Abruf: 30.11.2005

4 CIO.de. Fertigungsbranche hält nichts von neuen IT-Technologien. Von:
http://www.cio.de/news/itnachrichten/807863/index1.html
Letzter Abruf: 30.11.2005

5 CIO.de. Finanz-IT setzt stärker auf ERP-Standardisierung. Von:
http://www.cio.de/news/801634/ Letzter Abruf: 30.11.2005

6 CIO.de. Zwergenaufstand im ERP-Markt. Von:
http://www.cio.de/briefings//erp800962/index.html Letzter Abruf: 30.11.2005

7 CIO.de. Governance aus einem Guß. Von:
http://www.cio.de/strategien/projekte/812674/index4.html Letzter Abruf: 30.11.2005

8 Computerwoche. ERP-Kunden halten die Taschen geschlossen. Von:
http://www.computerwoche.de/knowledge_center/enterprise_resource_planning/555695/

9 Computerwoche. SAP düpiert Wettbewerber. Von:
http://www.computerwoche.de/knowledge_center/enterprise_resource_planning/555997/

10 Engelhard, H. - Sage: ERP im Mittelstand: oft nicht vorhanden Von:
http://www.sagekhk.de/public2/news.asp?NewsID=63&NavID=459 Letzter Abruf: 25.11.2005

11 Koch, C.: The ABC of ERP Von:
http://www.cio.com/research/erp/edit/erpbasics.html Letzter Abruf: 30.11.2005

12 ERP Management. Zeitschrift für unternehmensweite Anwendungssysteme. Ausgabe 1/2005 S. 37

13 ERP-Management. Zeitschrift für unternehmensweite Anwendungssysteme. Ausgabe 3/2005

14 ERP-Management. Zeitschrift für unternehmensweite Anwendungssysteme. Interview mit Prof. Dr. Mary SUMNER. Ausgabe 4/2005 S. 8 - 10

15 Foster, S., Hawking, P., Stein, S.: Revisiting ERP Systems – Benefit Realisation. Proceedings of the 37th Hawaii International Conference on System Sciences – IEEE 2004

16 Gruber, P.: Überlebenskampf im ERP-Geschäft. COMPUTERWOCHE Von:
http://www.computerwoche.de/knowledge_center/enterprise_resource_planning/555486/ Vom: 13.04.2005

17 Liess, A., Spies, R.: ERP in Germany 2003: Minor Growth, Major Updates Von:
http://www.metagroup.com/us/displayArticle.do?oid=41943 Letzter Abruf:
30.11.2005

18 Martin, R., Mauterer, H., Gemünden, H.-J.: Nutzen von ERP-Systemen für die
Fertigungsindustrie. WIRTSCHAFTSINFORMATIK 44 (2002) 2, S. 109–116

19 Okroy, M.: Hessen reformiert Landesverwaltung. Von:
http://www.informationweek.de/cms/9859.0.html 24.02.2005 Letzter Abruf:
30.11.2005

20 SAP Info. Ausgabe Juli 2003

21 SAP Info. Ausgabe Juli / August 2005

22 Steinbuch, P.: Prozessorganisation – Beispiel SAP R/3. Friedrich Kiel Verlag,
Ludwigshafen 1997

23 Wagner, W. D.: Gefragt waren neue Prozesse (Teil 1). Von:
http://www.sap.info/public/DE/de/index/Category-28803c61b2496f2c9-de/-
1/articleContainer-299653f16d0fd33d05d Vom: 21. Juni 2003 Letzter Abruf:
30.11.2005

24 Wagner, W. D.: Gefragt waren neue Prozesse (Teil 2). Von:
http://www.sap.info/public/DE/de/index/Category-28803c61b2496f2c9-de/-
1/articleContainer-290463f2a14035a07d Vom: 4. August 2003 Letzter Abruf:
30.11.2005